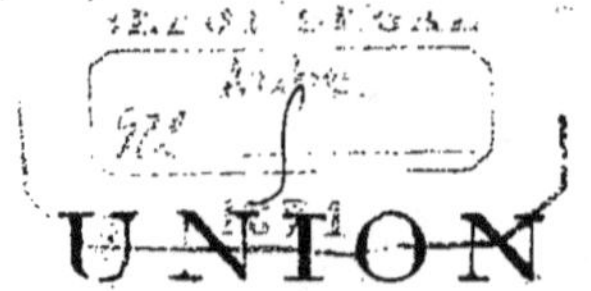

# UNION

# DES FEMMES CHRÉTIENNES

## POUR LE SALUT DE LA FRANCE

PAR

La Prière, la Restauration des mœurs, la Sanctification de la famille

SUIVIE D'UNE

## LETTRE DE MONSEIGNEUR L'ÉVÊQUE DE TROYES

BÉNISSANT ET ENCOURAGEANT CETTE ŒUVRE

2e Édition.

✝

*In hoc signo vinces.*
Par ce signe vous serez victorieux

## TROYES

BERTRAND-HU, IMPRIMEUR-LIBRAIRE

Place de l'Hôtel-de-Ville, 10.

1871

# DIPLOME D'ASSOCIÉE

M

demeurant à

a été reçue Membre de l'Union des Femmes chrétiennes pour le salut de la France, le      du mois
d ______________________ 187  .

Pour le Comité de Troyes,

————◆—◆◆—◆————

## I

### BUT.

Pie IX, en apprenant les revers de la France, pleura, puis il dit : « Je bénis la pauvre France, et, quelque malheureuse qu'elle soit en ce moment, je compte sur elle. Dieu l'éprouve, mais ne l'abandonnera pas. Dites bien cela. » Un jour, Jeanne d'Arc trouvant Charles VII plongé dans une morne tristesse : « Ayez bon courage, lui dit-elle, gentil dauphin, monseigneur saint Charlemagne et monseigneur saint Louis sont agenouillés devant le trône de Dieu, et ils prient pour vous et pour otre pauvre peuple. »

Cette bénédiction du saint Pontife, ces douces et fortes paroles de Jeanne d'Arc rassurent ; elles donnent l'espoir que la France triomphera. Mais il faut quelle invoque le Dieu de Clotilde, et quelle imite Clovis après la bataille de Tolbiac : *Adorer ce qu'elle brûlait, et brûler cc qu'elle adorait.*

Le mal, en effet, ne date pas d'aujourd'hui, il est ancien autant que profond et étendu. Des revers passagers n'en sont pas la cause, mais ils le découvrent aux regards les plus inattentifs. S'il est vrai que la justice élève les nations, et qu'un peuple sans Dieu est aussi impossible qu'une cité en l'air, le mal, disons-le sans détour, est dans l'oubli de Dieu et de sa Loi sainte. Dieu méconnu, quelle base peut rester à la conscience, au droit, au devoir, à l'autorité, à la famille, à la propriété et au patriotisme même ? Absolument aucune. Aussi, la France, plus coupable parce que sa vocation est plus grande, a-t-elle deux victoires à remporter : l'une, sur l'ennemi ; l'autre, plus glorieuse et qui demandera du temps et des efforts, sur elle-même, pour redevenir invincible en redevenant chrétienne.

Ces lignes etaient imprimées une première fois à la fin du mois d'octobre 1870, dans le pressentiment des malheurs qui menaçaient la France. Depuis, hélas! ces malheurs sont arrivés, prodigieux sans doute, mais non point irréparables. La funeste éducation que la France donnait à ses enfants, les doctrines d'athéisme dont elle s'abreuvait depuis de longues années, l'ignorance des éléments de la religion et des premiers principes de moralité dans laquelle les générations ont grandi, ont produit leurs résultats. Le mal s'est révélé dans toutes ses profondeurs et de toute part. La pyramide, dressée sur sa pointe et soutenue par mille étais humains et trompeurs, a été jetée par terre.

Qui la replacera sur sa base ? qui nous relèvera des abaissements que nous avons subis ? qui reconstituera la grande et forte nation de nos pères ? qui nous rendra des principes, des caractères, des mœurs et des familles ? Ah! c'est l'heure, ou jamais, de secouer tout mensonge et toute funeste rêverie. Le christianisme seul, parce qu'il est divin, peut suffire à une pareille tâche ; il a fait la France, lui seul peut la refaire. Ce n'est là qu'une vérité élémentaire dont un illustre protestant, M. Guizot, s'est fait naguère l'interprète : « Je suis convaincu, dit-il, que pour son salut social et moral il faut que la France redevienne chrétienne, et qu'en redevenant chrétienne, elle reste catholique. » Dieu, par sa miséricorde, semble déjà poser, dans la profondeur de nos désastres, la pierre d'attente de notre résurrection.

Mais comment se préparera cet *autre peuple ?* Qui nous donnera ces hommes de *création nouvelle* à la foi sincère et virile, au caractère modeste et vaillant, aux mœurs disciplinées et pures, appliquant à fond l'Évangile à la vie individuelle et sociale, et acceptant comme l'unique sauvegarde de tous les droits, l'auguste et imprescriptible devoir d'adorer et de servir Dieu, avant tout. Serait bien aveugle qui ne verrait pas quelle influence libératrice peut avoir en ceci la femme chrétienne. Car cette *race de l'avenir* en qui, après Dieu, est le salut, est entre ses mains ; et ce retour aux sources divines du patriotisme et du devoir dépend évidemment de l'éducation qu'elle saura donner ou exiger, et des mœurs qu'elle créera. A elle, en grande partie, de faire reparaître parmi nous le sens moral, l'autorité de la conscience, la prière, la sanctification du dimanche, le respect de Dieu dans le respect de l'autorité, la décence de la vie, le tact des choses sensées et sérieuses, et par-dessus tout, l'admirable spectacle d'une famille chrétienne, et d'enfants chrétiennement élevés.

Puissent toutes les femmes, et principalement celles

que leur nom, ou leur fortune, ou leur position sociale convie à une influence plus étendue, comprendre la dignité d'un tel apostolat et adhérer pratiquement aux principes sauveurs inscrits sur la bannière de l'*Union*.

Un appel, plus nécessaire que jamais, est donc fait aux femmes chrétiennes, et tel est le but proposé à leur zèle : obtenir de Dieu le salut de la France par la prière humble et persévérante, — par la restauration des mœurs, — et par la sanctification des familles.

L'Union fait une profession spéciale de dévotion et de confiance aux saints Cœurs de Jésus et de Marie. Toutefois, les femmes et les demoiselles qui la composent ne prennent d'autre titre distinctif que celui de *Femmes chrétiennes*. Dans sa noble simplicité, il dit tout, et il le dit pleinement.

## II

### OBLIGATIONS D'HONNEUR (*).

I. Revenir de tout son cœur dans ses idées et dans sa conduite à la pratique d'un christianisme sincère.

Le christianisme, ayant reçu de Jésus-Christ Notre-Seigneur les promesses de la vie présente et de la vie future, impose à tous, grands et petits, et toujours, le devoir d'être fidèles à ses lois. Ce devoir est plus rigoureux si l'on a eu le malheur de l'oublier. Aujourd'hui, il est urgent ; le salut certain et durable n'est qu'à ce prix.

(*) Aucun de ces engagements n'oblige en conscience, a moins qu'il ne contienne déjà quelque loi de Dieu, ou de l'Église. C'est pour cela qu'on dit : Obligation d'honneur.

II. Prier spécialement pour le salut spirituel et temporel de la France, en se rendant familière cette courte invocation. « *Cœur de Jésus, miséricorde !* » et en faisant à cette fin, autant que possible, la sainte communion, le premier vendredi du mois, ou un autre jour à son choix.

III. Observer et faire observer par les siens, autant qu'on en aura le pouvoir, le repos du dimanche et l'assistance à la sainte messe. Sauf le cas d'une bien constante nécessité, jugée telle par l'esprit de l'Église, et dans la mesure de ses décisions, le dimanche, point de travail demandé à aucun ouvrier ; point de voyage de plaisir capable de porter atteinte au repos, à l'esprit de prière, et aux actes du culte public qui sont le caractère de ce jour sacré ; point de vente, ni d'achats, ni d'étalage visiblement contraire à la loi divine et au bon exemple dû au peuple chrétien.

Qui ne le voit maintenant?... ce crime social de la profanation du dimanche outrage le corps et l'âme, l'homme et Dieu, le riche et le pauvre ; il met un peuple entier au ban de la civilisation, et attire inévitablement sur lui, par la force même des choses, l'ignorance et l'immoralité, c'est-à-dire tous les maux à la fois.

IV. Ne point lire de livre ni de journal qui attaque la foi ou les mœurs, n'en point permettre la lecture à ses enfants ni à ses domestiques, ou ne la point laisser sans protestation ; n'en pas même souffrir la présence dans sa demeure, si on le peut.

Qui fait de mauvaises lectures s'empoisonne, il boit l'erreur et le mal. Les mauvais livres et la mauvaise presse sont la gangrène de la France. Prétendre qu'il faut tout lire pour tout juger, n'est point seulement une curiosité irréfléchie, c'est un prétexte injurieux à la vérité du christianisme, souvent puni par le naufrage de la foi, et toujours funeste.

V. Le théâtre étant généralement devenu, par la malice des hommes, dangereux pour les mœurs et de mauvais goût, ne point faire habitude de le fréquenter, ni d'en autoriser la fréquentation. Si l'on pense qu'il peut y avoir des cas douteux, interroger le Crucifix, juge aussi doux que vrai, et faire de sa réponse la règle de sa conduite.

Ne point perdre de vue que les *pièces de famille* elles-mêmes, les jeux, les concerts fussent-ils intimes, le cirque, peuvent présenter des dangers alarmants pour la conscience, et sur lesquel la vigilance chrétienne, principalement celle des mères, est indispensable.

VI. S'interdire avec toute la fidélité possible :

1° Les danses tournantes. Quelle femme chrétienne, au souvenir des enseignements de Notre Seigneur, et des promesses de son baptême, n'entend dans cette règle la voix de son cœur, et n'y trouve la condition de sa propre dignité? D'ailleurs, c'est le mot même de saint François de Sales, les meilleures danses sont dangereuses, et toute femme se doit de n'en faire qu'un divertissement modéré, qui laisse intactes sa conscience et la conscience d'autrui. — Qu'au moins, dans certaines conjonctures personnelles, la décision d'un guide éclairé fasse loi.

2° Les réceptions ou fréquentations du monde dites *grandes soirées*, le vendredi pendant toute l'année. C'est le jour commémoratif de la Passion du Sauveur; l'Église en a fait pour tous les chrétiens, un jour de mortification et d'abstinence ; sauf le cas d'impossibilité ; il doit garder ce cachet.

En carême, conduite analogue. Dans ce saint temps consacré à la pénitence et au souvenir du sang adorable de Jésus-Christ versé pour le salut du monde, la femme chrétienne n'accepte et surtout ne donne que de *petites soirées* (*), à moins qu'il n'y ait des raisons bien graves du contraire. Elle n'en donne et n'en accepte d'aucun genre pendant la quinzaine de la Passion, y compris le saint jour de Pâques. Plus que jamais, en carême, chez elle comme ailleurs, elle observe les lois de l'Église, sa règle inviolable, et ne s'écarte pas de la retenue demandée par Celui qui a dit : *Faites pénitence.*

L'ambition de son cœur est de remplacer ces soirées trop souvent pleines de dangers par la tranquillité des réunions de famille. Réunions toujours permises et bénies, si, comme aux noces de Cana, sous le regard de Notre-Seigneur et de la sainte Vierge, on y conserve avec une cordialité toute simple et exempte de respect humain, la modération et la sainteté des habitudes chrétiennes.

3° Les repas dont la modestie, la simplicité et la dignité sont exclues pour faire place à une somptuosité excessive, à des rivalités de luxe et de folles dépenses, prises sur le patrimoine providentiel du pauvre, et hautement condamnées par la raison et par la conscience.

4° Les toilettes immodestes, ou trop riches pour sa position de fortune, ou perpétuellement renouvelées,

(*) Ces soirées *sans cérémonie* n'ont pas l'éclat qui serait légitime en un autre temps — point de bal — durée qui n'excède pas de beaucoup les usages de la vie ordinaire.

cause si fréquente de la ruine des familles et scandale des âmes. Loin de là, la femme chrétienne conserve dans son extérieur la simplicité et la réserve, cachet de la vraie distinction. Elle ne dépasse pas non plus la limite des convenances dans les achats de fantaisie ou d'ameublement, et *paie comptant.*

5º Les veillées nocturnes qui font de la nuit le jour, et du jour la nuit, et dont la durée évidemment excessive, conspiration contre la santé et profanation du temps, rend la *vraie* vie impossible ou inutile, sinon coupable.

Se fixer une limite qui n'absorbe pas le lendemain, et se piquer de fidélité à sa résolution, — principalement quand il s'agit de la matinée sainte du dimanche.

VII. Professer une soumission filiale à toutes les décisions de l'Église, et une fidélité entière à ses commandements, principalement à l'observation du carême, du vendredi et des autres jours de pénitence, à moins qu'on n'en soit dispensé par de légitimes raisons.

Notre-Seigneur a dit : « Qui vous écoute, m'écoute ; » et encore : « Qui n'écoute pas l'Église, qu'il soit pour vous comme un païen et un publicain. » Jamais il n'a été plus nécessaire de revenir à ce principe fondamental de la Doctrine catholique, et du salut des peuples.

VIII. Faire son budget d'avance, y tenir, et y réserver la part des pauvres, d'après les règles de la charité chrétienne, — gage certain de modération et frein aux excès du luxe.

IX. Fonder, garder, gouverner la famille, et s'y conduire soi-même selon les saintes lois de la conscience et de l'Évangile. Y rester une épouse et une mère selon le cœur de Dieu, et y maintenir, surtout par son exemple, la soumission, l'union, le respect, la prière. S'efforcer d'y remettre en honneur le lever-matin, les humbles, mais si méritoires soins du ménage, et le saint travail des mains.

X. S'employer d'une manière *sérieuse* et *suivie*, par un motif de foi, à l'éducation chrétienne des enfants, au gouvernement de ses domestiques et de sa maison. C'est là surtout la douce et obligatoire mission d'une femme et d'une mère. La remplirait-elle, si elle ne se réservait la première éducation de ses enfants, et là joie de leur enseigner la prière, le catéchisme, la pratique des vertus chrétiennes, en un mot, le devoir et la manière de connaître, d'aimer et de servir Dieu, seul but de la vie ?

XI. Obtenir par tout moyen possible, comme le réclament les plus chers intérêts du temps et de l'éternité, que la seconde éducation des enfants soit, avant tout, efficacement et totalement *chrétienne.*

XII. Rendre l'accomplissement de ces devoirs méritoire pour le ciel et vraiment utile au salut de la France, par la vue de Dieu, l'union à Jésus-Christ, et par les saintes pratiques d'une piété solide et éclairée.

## III

### CONDITIONS D'ADMISSION.

1° Bien réfléchir avant de donner son nom. Rarement les paroles de Notre Seigneur : « Ce ne sont pas ceux qui disent: Seigneur ! Seigneur ! ce sont ceux qui font la volonté de mon Père » ont eu une application plus vraie. Il faut dans l'*Union*, des actes faits avec générosité et constance, des actes qui, créant peu à peu dans les mœurs un *courant* contraire à celui qui nous a perdus, y ramènent la dignité des caractères, la vertu, et même le vrai patriotisme, et, par là, nous sauvent.

Que la femme chrétienne, en songeant aux moyens de salut proposés, aussi nécessaires qu'efficaces, s'adresse ces questions :

Doit-elle se ranger sous la bannière de l'*Union ?*

Le peut-elle?

Le veut-elle ?

2º Etre parfaitement résolue à remplir les obligations d'honneur qu'on a contractées, c'est-à-dire à rester :

Une femme de cœur, supérieure au respect humain, et à toute concession coupable aux funestes usages de la vie mondaine.

Une femme de conscience, qui, craignant Dieu et n'ayant point d'autre crainte, fait passer en première ligne la fidélité à son devoir de chrétienne.

Une femme de foi, vivant des divines vérités, et des immortelles espérances de l'enseignement catholique.

Une femme de zèle, prête à s'employer de tout son pouvoir, dans la mesure tracée par la sagesse, à l'extension du royaume de Jésus-Christ sur la terre, et de sa sainte Église.

3º Faire inscrire ses nom, prénom, demeure, dans le registre destiné à cette fin, avec l'intention bien arrêtée d'être fidèle aux Réunions, si on le peut, pour y retremper son esprit de sanctification et de zèle.

On reçoit en échange un diplôme d'associée.

Les personnes qui procurent à l'*Union* cinq associées, ont le titre de *Zélatrices*.

Participent aux mérites de l'*Union,* à titre d'*Agrégés,* les prêtres qui donnent leur nom, et qui veulent bien recommander au saint sacrifice de la messe, (avec une intention secondaire), une fois le mois et le premier vendredi s'il se peut, sinon un autre jour à leur convenance, le salut de la France.

La même faveur est accordée aux maisons religieuses dans lesquelles on fera une communion aux mêmes fins et dans les mêmes conditions.

On reçoit aussi les hommes, à titre d'*agrégés,* s'ils donnent leur nom, et s'ils veulent sérieusement prier pour la France, devenir ou rester des chrétiens fidèles et soutenir l'œuvre par leur appui moral.

Il n'y a point de cotisation obligatoire.

Pour couvrir les frais indispensables, on fait une quête aux Réunions. La trésorière rend compte chaque année de l'emploi des fonds.


## IV

### RÉUNIONS ET ADMINISTRATION.

Les réunions ont lieu *au moins* six fois par an : en février, avril, juin, août, octobre et décembre ; et le premier vendredi du mois, si ce jour est libre. On est prévenu d'avance.

Il peut y avoir quelques réunions exceptionnelles aux environs de la fête du Sacré-Cœur de Jésus, fête patronale de l'Œuvre.

A chaque réunion : Instruction, Salut. On y fait, sous

forme d'Amende honorable, une prière spéciale pour la France (1), et la quête pour l'Œuvre.

Ces pieux usages se modifient selon les besoins.

L'administration est confiée, sous la haute autorité de Monseigneur, à un Comité ou Bureau, composé de quelques associées sous le titre de Comité des Assistantes. Ce comité est continué ou renouvelé s'il le faut, selon les usages ordinaires des Enfants de Marie.

Ses fonctions sont, en général, d'aviser aux moyens pratiques d'affermir et d'étendre l'*Union*. C'est principalement par ses soins que les noms sont recueillis, transmis et soigneusement conservés.

Si la Providence l'y invite, il saisit avec zèle l'occasion de propager l'Œuvre, en se créant dans les localités convenables des Associées ou des Zélatrices, en y provoquant même la formation de *Comités locaux*, qui demeurent unis de prières, de but et de moyens avec le *Comité* de Troyes.

(1) Voici la formule adoptée :

Au nom du Père, et du Fils, et du Saint-Esprit. Ainsi soit-il.

En présence des malheurs qui désolent la France, et des malheurs plus grands qui pourraient la menacer encore ;

En présence des attentats sacriléges commis à Rome contre les droits de l'Eglise et du Saint-Siége, et contre la personne sacrée du Vicaire de Jésus-Christ ;

Nous nous humilions devant Dieu, et, réunissant dans notre amour l'Eglise et notre patrie, nous reconnaissons que nous avons été coupables et justement châtiées.

Pour faire amende honorable de nos péchés et obtenir de l'infinie miséricorde le pardon de nos fautes, ainsi que les secours extraordinaires qui seuls peuvent délivrer le Souverain-Pontife, et faire cesser les malheurs de la France, nous renouvelons, ô Cœur sacré de Jésus, les engagements de l'*Union* des Femmes chrétiennes, et nous promettons de contribuer de toutes nos forces à les faire accepter et pratiquer autour de nous. Ainsi soit-il.

Rien de plus facile que d'établir un *Comité local*. Deux ou trois Dames de bonne volonté s'entendent et recueillent des adhésions. Si le nombre de ces adhésions est assez considérable, on peut demander l'*affiliation* au Comité de Troyes, avoir des réunions spéciales et participer aux grâces spirituelles de l'Œuvre. Dans le cas contraire, on reste simplement *associée* avec participation aux mêmes grâces, si on a un diplôme en règle.

L'Union espère être bientôt en mesure de demander une Bénédiction spéciale du Souverain Pontife — et les indulgences ordinairement assurées aux Associations pieuses.

La correspondance s'adresse : *Au Comité de l'Union des Femmes chrétiennes pour le Salut de la France*, chez les *Religieuses Franciscaines, rue du Cloître-saint-Pierre, 28, Troyes.*

LE COMITÉ DE TROYES.

# LETTRE DE MONSEIGNEUR RAVINET

## ÉVÊQUE DE TROYES

### BENISSANT ET ENCOURAGEANT L'UNION DES FEMMES CHRETIENNES

————⟞∘⟨⟩∘⟞————

Troyes, le 28 octobre 1870

Mesdames,

Nous lisions, il y a quelques jours, dans une lettre d'un de nos chers collegues, Monseigneur d'Orleans, des paroles que nous aimons a redire

« Aux heures solennelles comme celle ou nous sommes, disait-il, il est de la grandeur d'une nation de se recueillir, et de se demander pourquoi Dieu l'éprouve »

Or, parmi les raisons qu'il donne, il dit

« Nous avions cessé de pratiquer la vertu  La vertu avait ete bannie, dans presque tous les rangs, par un luxe extravagant et arrachée de presque tous les foyers, par l'amour effrene du bien-être et du plaisir ... Nous n'avions plus ni la foi ni les mœurs, ni la forte discipline de nos peres. »

Souvent ces pensées nous étaient venues au cœur, dans les temps même de notre prosperite  Mais les enivrements de la bonne fortune, les entrainements des habitudes mondaines, la tyrannie de la mode et du respect humain ne leur permettaient pas de pénetrer au fond de l'âme

Les rudes et cruelles épreuves que nous subissons en ce moment, viennent interrompre violemment ce torrent   les sources même ou puisait le luxe vont se trouver taries pour un temps, la misere et les besoins pressants dont nous serons environnes nous obligeront, non plus seulement a donner notre superflu mais à partager même notre nécessaire avec ceux qui manqueront de l'essentiel.

Vos âmes profondément religieuses, Mesdames, comprennent que ces épreuves ont, de la part de Dieu, leur côté providentiel et paternel. Combien nous serions heureux si la France sortait de cette tourmente vraiment régénérée, franchement chrétienne, et plus fidèle à la noble mission que Dieu lui a donnée, en voulant qu'elle fût le sel de la terre et la lumière du monde.

Je ne puis donc que bénir et encourager le projet que vous avez formé de vous unir dans une pacifique et sainte ligue contre la tyrannie des habitudes mondaines qui ont pénétré jusque dans nos familles chrétiennes. Vous bannirez de la vôtre cette vie dissipée et inutile qui trouve du temps pour tout, excepté pour les obligations essentielles, l'éducation sérieuse et chrétienne des enfants, la direction suivie et constante de la maison ; vous en bannirez le luxe qui compromet les fortunes les plus solidement établies, et qui dévore toute la part du pauvre ; mais qui ne tiendra jamais lieu de ces habitudes modestes et dignes qui rendent une maison tout à la fois honorable et pleine d'un indicible attrait. Vous vous souviendrez enfin de cette gracieuse et douce parole, par laquelle Pie IX termine le Bref qu'il adressait à madame de Gentelle : « Que les femmes chrétiennes se persuadent, que, pour se concilier l'estime et l'affection de leurs époux, elles n'ont pas besoin de l'éclat d'un luxe onéreux ; mais qu'il leur suffit de la culture de l'esprit et du cœur et de l'ornement des vertus ; car il n'y a rien de comparable à la grâce que répandent sur les femmes la sainteté et la pudeur. »

Nous verrons avec joie un grand nombre de personnes adopter avec vous le projet de règlement que vous nous avez soumis, et lorsque votre association comptera un certain nombre de membres, nous nous empresserons de solliciter du Saint-Père la concession des Indulgences que vous désirez obtenir.

Recevez, je vous prie, Mesdames, avec mes meilleures bénédictions, l'assurance de mon entier dévouement.

† EMMANUEL JULES, *Évêque de Troyes.*

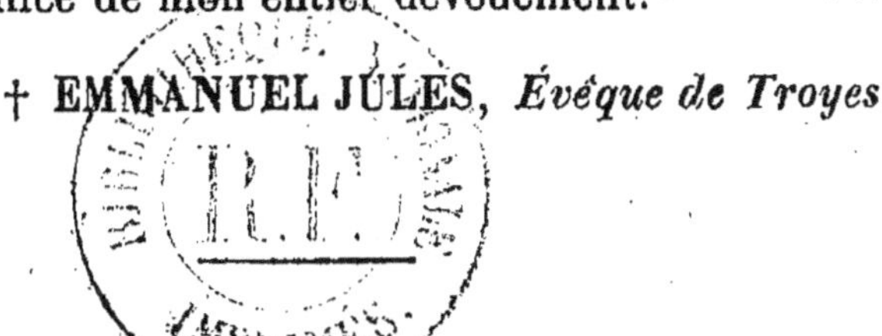